eumunia Consulting

Vorbereitung Projektarbeit!

Geprüfte Technische Betriebswirte IHK

Grundlagen zum Erstellen einer Projektarbeit — Mögliche Stolperfallen — Vorbereitung Fachgespräch - Themenvorschläge mit Gliederung —!

Michael Fischer

Impressum

eumunia Consulting, Limpergerstrasse 6, 93142 Maxhütte-Haidhof
Tel.Nr.: 0174 /94 34 628, E-Mail: eumunia@aol.com
Website: www.eumunia.de, Inhaber: Michael Fischer
ISBN: 9783759777126

Bibliografische Information der Deutschen Nationalbibliothek:
Die Deutsche Nationalbibliothek verzeichnet diese Publikation in der
Deutschen Nationalbibliografie; detaillierte bibliografische Daten sind im
Internet über http://dnb.dnb.de abrufbar.

Lektorat: eumunia Consulting
Korrektorat: eumunia Consulting

Verlag: BoD · Books on Demand GmbH, In de Tarpen 42,

22848 Norderstedt

Druck: Libri Plureos GmbH, Friedensallee 273, 22763 Hamburg

ISBN: 978-3-7597-7712-6

I.   Vorwort!

Die folgenden Ausführungen zur Vorbereitung auf die Projektarbeit sollen Ihnen helfen ihre Abschlussarbeit erfolgreich zu konzipieren. Die einzelnen Regelungen bezüglich Themenauswahl oder Form können von Kammer zu Kammer etwas abweichen, genauere Informationen erhalten Sie von ihrem zuständigen Bildungsträger.

Schwerpunkte dieses Buches sind u.a. der rote Faden bei Gliederungen, die Bedeutung der betriebswirtschaftlichen und technischen Analyse und das Vermeiden möglicher Fehler.

Zu Beginn werden einige grundlegende Gedanken zum Erstellen einer Projektarbeit beschrieben und auf die Bedeutung einer Gliederung mit rotem Faden eingegangen. Im weiteren Verlauf wird die Notwendigkeit einer aussagefähigen betriebswirtschaftlichen und einer strukturierten technischen Analyse erklärt und die Bedeutung der Nutzwertanalyse bei Entscheidungsvorschlägen beleuchtet. Im Anschluss werden zahlreiche, mögliche Stolperfallen unter die Lupe genommen und Ihnen Lösungsansätze an Hand gegeben, diese zu vermeiden. Gegen Ende des Buches werden Ihnen wertvolle Tipps und Verhaltensregeln für das Fachgespräch (Verteidigung der Projektarbeit) präsentiert und zu guter Letzt zahlreiche Themenvorschläge mit Gliederung angeboten.

Ein besonderer Dank gilt den zahlreichen Absolventen der Weiterbildung zum Geprüften Technischen Betriebswirt IHK, die mir geduldig meine Fragen beantwortet haben und mir viele wichtige Anregungen für das Schreiben dieses Buches zukommen ließen.

Aus Gründen der Lesbarkeit wurde im Text die männliche Form gewählt, nichtsdestoweniger beziehen sich die Angaben auf Angehörige aller Geschlechter.

Regensburg im November 2024

II. Grundlegende Gedanken zum Erstellen einer Projektarbeit

In einer fachübergreifenden Projektarbeit sollen die Prüfungsteilnehmer nachweisen, dass sie eine komplexe Problemstellung der betrieblichen Praxis erfassen, darstellen, beurteilen und lösen können. [1]

Die Teilnehmer der Weiterbildung zum Geprüften Technischen Betriebswirt IHK wirken anfangs etwas verunsichert, da Sie nicht wissen, was bei einer Projektarbeit auf sie zukommt. Viele unterschätzen den notwendigen Aufwand, der betrieben werden muss, um eine erfolgreiche Abschlussarbeit zu gestalten.

Unterschiedliche Ansätze bei der Herangehensweise zum Verfassen einer Projektarbeit finden sich auch bei Teilnehmern, die den TBW in Vollzeit oder in Teilzeit absolvieren.

Bei den Absolventen im „Teilzeit-Modus" stehen meist Unterlagen und Zahlen für eine Projektarbeit zur Verfügung, da der Teilnehmer noch im Unternehmen arbeitet. Anders sieht es aus Sicht der Vollzeit-Teilnehmer aus. Die meisten Absolventen haben gekündigt und erhalten verständlicherweise keine Zahlen und Informationen mehr aus dem ehemaligen Unternehmen.

Somit wächst die Herausforderung für die „Vollzeitler", nicht nur ein passendes, anspruchsvolles Thema zu finden, sondern auch ausreichend technische Daten und betriebswirtschaftliche Zahlen zu generieren.

Der Anspruch an eine Projektarbeit ist seitens der Korrektoren relativ hoch, was sich häufig in der Strenge der Beurteilung widerspiegelt. Jeder Teilnehmer kann beim Schreiben einer Klausur einmal einen schlechten Tag erwischen, oder das Pech haben, dass genau die Fragen

---

[1] Quelle: https://www.ihk.de/...betriebswirt/hinweise-zur-projektarbeit...

gestellt werden, auf die man sich nicht so ausführlich vorbereitet hat – kann alles passieren, so nach dem Motto „Shit Happens".

Bei einer Projektarbeit hingegen haben Sie ausreichend Zeit sich mit ihrem Thema intensiv auseinander zu setzen und eine fundierte Arbeit abzugeben, daher werden Fehler weniger verzeihen.

Im Folgenden werden Ihnen wertvolle Tipps anhand gegeben eine Projektarbeit erfolgreich zu gestalten und in der mündlichen Prüfung klassische Fehler zu vermeiden.

FAZIT:

Unterschätzen Sie nicht den Aufwand zum Erstellen einer Projektarbeit!

III. Themenauswahl – Anspruch an einen Geprüften Technischen Betriebswirt IHK!

Bei der Themenwahl existieren zurzeit mehrere Varianten. Es gibt Prüfungsausschüsse der Industrie- und Handelskammern, die Ihnen die Themen vorgeben, aber auch IHKs, die bei der Themenauswahl etwas großzügiger sind und die Teilnehmer selbst das Thema (die Themen, bei zwei abzugebenden Themen) bestimmen lassen oder zumindest Vorschläge zur Themenauswahl zulassen.

Im ersten Fall besteht der Vorteil, dass sich der Teilnehmer keine Gedanken machen muss, mit welchem Thema er sich zukünftig zu beschäftigen hat, aber auch den Nachteil, dass er seine eigenen Vorstellungen nicht verwirklichen kann. Entscheiden Sie selber, was sinnvoller ist.

Sollten Sie ihr Thema selber wählen können!

Bei der Themenauswahl sollten Sie sich im Klaren sein, dass Sie eine Weiterbildung zum Geprüften Technischen Betriebswirt IHK machen, d.h. das Thema, welches Sie wählen, sollte den Ansprüchen eines TBWs genügen.

Weiterhin ist zu empfehlen das Themengebiet so überschaubar wie möglich zu gestalten, weil das Thema innerhalb einer vorgeschriebenen Seitenanzahl bearbeitet werden soll (muss). Nicht zu empfehlen sind umfangreiche Themen, wie:

- Erstellen eines Businessplans...
- Standortwahl...
- ...

Diese Themen sind in der Regel zu umfangreich und sprengen den Rahmen der Projektarbeit, was automatisch zu einem Punktabzug bei der Bewertung führt. Weiterhin besteht bei solch umfangreichen

9

Themen die Gefahr, dass die einzelnen Gliederungspunkte nur knapp angerissen werden können und es somit an Tiefe der Arbeit fehlt.

Lassen Sie uns die vorherige Problematik am Beispiel der Standortwahl verdeutlichen. Zum Thema Standortwahl gehören zahlreiche harte und weiche Standortfaktoren, hier sind einige aufgeführt:

- Verkehrsanbindung
- Ort: Wo? (Bundesland, Stadt, ländliche Region...?)
- Arbeitsmarkt
- Kaufkraft
- Flächenangebot
- Mieten
- Steuern und Energiekosten
- allgemeine Abgaben
- Bildungsangebot
- medizinische Versorgung
- Nahversorgung
- Wohnumfeld
- ...

Sie sehen, dass die intensive Bearbeitung und Analyse der Standortfaktoren den Rahmen der Arbeit sprengen würde.

Beschränken Sie sich in ihrer Arbeit jedoch auf einen Teil der aufgeführten Standortfaktoren und grenzen somit das Thema ein, ist es eine durchaus herausfordernde Aufgabe.

Beispiel:

Die XY-GmbH ist auf der Suche nach einem neuen Standort in der Region Z, als Alternativen hat die Geschäftsleitung die Standorte A und B auserkoren. Ihre Aufgabe, als Assistent der Geschäftsleitung, besteht darin, einen Entscheidungsvorschlag, anhand der Kriterien Miete, Kaufkraft, Infrastruktur und Attraktivität des Standortes für Mitarbeiter zu erarbeiten und eine Empfehlung für einen der beiden Standorte auszusprechen.

Somit könnte das Thema lauten:

„Entscheidungsvorschlag zur Standortwahl der XY-GmbH anhand ausgewählter Standortfaktoren zwischen den Standorten A und B".

FAZIT:

Achten Sie bei der Wahl ihres Themas auf eine klare Abgrenzung, vermeiden Sie Themen, die bei einer gründlichen Bearbeitung den Rahmen ihrer Arbeit sprengen würde.

IV. Klare Aufgabenstellung – wie lautet ihr Projektauftrag?

Was viele Absolventen immer wieder vergessen, ist die Tatsache, dass beim Verfassen einer Projektarbeit ein konkretes Problem in einem Unternehmen, ob fiktiv oder real, gelöst werden muss, und die Lösung des Problems mit Instrumenten erfolgen soll, die bei der Weiterbildung zum Geprüften Technischen Betriebswirt IHK erlernt wurden.

Mögliche Problemstellungen und konkrete Aufgabenformulierung:

- ...in der „XY-GmbH" ist die Produktionsmaschine veraltet und es kommt immer häufiger zu Qualitätsmängeln, die von den langjährigen Kunden reklamiert werden, weiterhin beschweren sich die Mitarbeiter, dass zahlreiche Arbeitsschritte, aufgrund der veralteten Maschine, wiederholt werden müssen..., ihre Aufgabe ist die Entwicklung eines Entscheidungsvorschlages für den Kauf einer neuen Maschine...

- ...die „WER-AG" möchte eine neue Filiale in Hamburg eröffnen, verfügt aber über keinen ausreichenden Maschinenpark..., ihre Aufgabe ist die Entwicklung eines Entscheidungsvorschlages zum Kauf geeigneter Maschinen, deren Software kompatibel zu den aktuellen Anlagen in ihrem Unternehmen ist...

- ... in der „ABC-OHG" ist die Entscheidung zum Kauf einer Drehmaschine bereits gefallen und die Maschine wird zeitnah geliefert... ihre Aufgabe ist die Einführung der Maschine und der damit verbundenen Planungskonzepte...

- ...die „ABC KG" benötigt eine neue Abfüllanlage, da die momentan in Betrieb befindliche Maschine häufig Aussetzer hat und die Produktion dadurch zum Stillstand kommt..., ihre Aufgabe ist die Entwicklung eines Entscheidungsvorschlages für den Kauf einer neuen Abfüllanlage...

Sie benötigen einen klaren Projektauftrag, um dem Korrektor darzulegen, was ihre konkrete Aufgabe, ihr konkretes Ziel ist, und was den Leser auf den nächsten Seiten erwartet.

FAZIT:

Bei der Festlegung (Auswahl) ihres Themas benötigen Sie ein konkretes Problem, welches Sie mit Instrumenten lösen, die Sie beim Geprüften Technischen Betriebswirt erlernt haben.

V. Gliederung mit rotem Faden!

Das „A und O" einer Projektarbeit ist eine Gliederung mit rotem Faden. „Steht" die Gliederung und der Verfasser hält sich an die Struktur der Gliederung, schweift also nicht in theoretische Darstellungen ab und bezieht seine Analysen immer auf das Unternehmen, bzw. auf die technische Anlage, kann eigentlich nicht viel passieren.

Auf folgende Punkte sollten Sie in ihrer Gliederung achten:

1. Gliederung und Inhalt müssen zum Thema passen!
2. Keine Wiederholungen!
3. Erkennbarer roter Faden!
4. Projektauftrag - was ist ihre Aufgabe?

zu 1) Gliederung und Inhalt müssen zum Thema passen!!!

Passt die Gliederung nicht zum Thema, gilt die PJA als nicht bestanden!

Beispiel:

- **Thema:**

„Einführung einer Hebebühne in der ...OHG"

- **Gliederung:**

In der Gliederung wird ein Entscheidungsvorschlag ausgearbeitet und der Geschäftsleitung zur Beschlussfassung präsentiert.

- **Fehler:**

Bei einer Einführung ist die Entscheidung zur Anschaffung einer Hebebühne bereits gefallen, d.h. die Maschine ist gekauft und wird eingeführt. Bei einem Entscheidungsvorschlag ist die Entscheidung zum Kauf noch **nicht** gefallen und der Verfasser präsentiert einen Entscheidungsvorschlag, welche Hebebühne erworben werden soll.

- **Passendes Thema:**

„Entscheidungsvorschlag zum Kauf einer Hebebühne in der …OHG"

> **FAZIT:**
>
> Bei einer Einführung ist die Entscheidung zur Anschaffung bereits gefallen, bei einem Entscheidungsvorschlag nicht!

zu 2) Keine Wiederholungen!!!

Beispiele:

- Gliederungspunkt **„Sollzustand"** und Gliederungspunkt **„Ziele"** sind in der Regel identisch
- Gliederungspunkt **„Ist-Situation"** und Gliederungspunkt **„Situationsanalyse"** haben meist den gleichen Inhalt…

Durchdenken Sie ihre Gliederung und achten Sie darauf, dass keine Wiederholungen zu erkennen sind. Spätestens beim Schreiben müsste es Ihnen auffallen, da ähnlichen Gliederungspunkten die gleichen Inhalte zugrunde liegen.

> **FAZIT:**
>
> Ganz einfach – keine Wiederholungen in der Gliederung!!!

zu 3) Erkennbarer roter Faden!!!

Beim Lesen der Gliederung wird dem Korrektor schnell ersichtlich, worum es geht und wie der Weg zur Lösung aussieht, die Gliederungspunkte bauen aufeinander auf (roter Faden).

> **FAZIT:**
>
> Die Gliederung sollte strukturiert und inhaltlich nachvollziehbar sein. Ein roter Faden in der Gliederung muss zwingend erkennbar sein!

15

zu 4) Projektauftrag - was ist ihre Aufgabe?

Für den Korrektor muss klar erkennbar sein, welches Problem der Verfasser der Projektarbeit lösen soll, mit welchen Instrumenten er sein Ziel erreichen will und welcher Nutzen für das Unternehmen generiert wird. Stimmen Sollzustand und Projektauftrag überein, muss kein eigener Punkt mit der Beschreibung der Aufgabe in der Gliederung erfolgen, stimmen Sollzustand und Projektauftrag nicht überein, ist es zwingend dem Gliederungspunkt „Sollzustand" den Gliederungspunkt „Projektauftrag" (Formulierung nach der SMART-Regel) hinzuzufügen.

Sollzustand: Das Unternehmen ist auf der Suche nach einem neuen Standort, um die Expansionspläne zu realisieren. Hierbei sollen alle relevanten Standortfaktoren bei der Auswahl des Standortes berücksichtigt werden.

Projektauftrag: Bis Ende des Jahres 20.. soll die Analyse der Standorte hinsichtlich Kaufkraft, Infrastruktur, Arbeitsmarkt, Mieten und Bildungsangebot abgeschlossen sein, d.h. der Projektauftrag ist nur ein Teil des gewünschten Sollzustandes.

In diesem Beispiel ist der Projektauftrag ein Teil des gesamten Ziels (Sollzustand) des Unternehmens. Eine komplette Abarbeitung aller notwendigen Punkte zur Standortwahl würde den Rahmen der Arbeit sprengen. Daher werden aus dem Gesamtthema „Standortwahl" einige Komponenten herausgelöst und in der Projektarbeit analysiert. Somit ist die notwendige Tiefe der Bearbeitung gegeben, was bei zu vielen Gliederungspunkten nicht möglich wäre.

FAZIT:

Im Projektauftrag wird dokumentiert, was ihre konkrete Aufgabe ist! Der Leser muss spätestens hier erfahren, was ihn auf den nächsten Seiten erwartet. Stimmen Sollzustand und Projektauftrag nicht überein, muss der Punkt Projektauftrag der Gliederung hinzugefügt werden. Die Formulierung des Projektauftrages oder des Sollzustandes erfolgt über die SMART-Regel.

VI. Gliederungsvorschlag!

Dieser Gliederungsvorschlag dient als Beispiel einer strukturierten, allgemein gehaltenen Gliederung für einen Entscheidungsvorschlag zur Anschaffung einer Maschine, ist aber kein Muss. In dieser Gliederung ist ein roter Faden erkennbar und alle notwendigen Punkte sind abgebildet und bauen aufeinander auf.

1. Einleitung
2. Vorstellung des Unternehmens
3. Istzustand darstellen (Welches Problem tritt auf?)
4. Sollzustand definieren (Zielformulierung mit der SMART-Regel)
5. Projektauftrag formulieren, falls er mit dem Sollzustand nicht identisch ist (Was ist ihre konkrete Aufgabe?)
6. Anforderungen an die Maschine
7. Einholen von Angeboten / Ausschreibung
8. Technische Analyse – Funktionsweise der Maschine
9. Betriebswirtschaftliche Analyse (Zahlendarstellung)
   9.1 Kostenvergleichsrechnung
   9.2 Schätzung der zukünftigen Umsätze (Einsparungen)
   9.3 Gewinnvergleichsrechnung
   9.4 Rentabilitätsvergleichsrechnung
   9.5 Amortisationsvergleichsrechnung
   9.6 Entscheidung für eine Maschine
   9.7 Erfolgsmessung und Wirksamkeit
10. Nutzwertanalyse (Berücksichtigung der qualitativen Faktoren)
    10.1 Auswahl der Kriterien
    10.2 Gewichtung der Kriterien
    10.3 Durchführung der Nutzwertanalyse
    10.4 Entscheidung für eine Maschine
11. Nutzen / Mehrwert für das Unternehmen
12. Fazit / Empfehlung

1. Einleitung

Eine Einleitung ist nur notwendig, wenn dem Leser wichtige Informationen vorab mitgeteilt werden müssen, um den Inhalt der Arbeit besser zu verstehen. Beispiel: „Standortwahl"- Sie erklären in der Einleitung, dass Sie sich bei der Standortwahl auf ausgesuchte Standortfaktoren konzentrieren, da ansonsten die Bearbeitung aller Standortfaktoren den Rahmen ihrer Arbeit deutlich überschreiten würde.

Sind bei Ihrem Thema keine zusätzlichen, Informationen erforderlich, lassen Sie die Einleitung weg.

2. Vorstellung des Unternehmens

Bei manchen Industrie- und Handelskammern wird verlangt auf die Vorstellung des Unternehmens zu verzichten, da Sie vor der Geschäftsleitung des Unternehmens ihre Projektarbeit präsentieren.

Trotzdem ist eine kurze Darstellung, um welches Unternehmen es sich handelt, ob real oder fiktiv, sinnvoll, damit die Prüfer, die ihre Arbeit nicht gelesen haben, bei Ihrer Abschlusspräsentation wissen, in welcher Branche ihr Unternehmen tätig ist, bzw. wie ihr Unternehmen strukturiert ist.

Verzichten Sie jedoch darauf die gesamte Firmenhistorie zu erwähnen und fassen Sie sich kurz. Die Vorstellung des Unternehmens sollte maximal eine Seite betragen.

3. Ist-Zustand darstellen

Um es direkt auf den Punkt zu bringen: Sie brauchen ein konkretes Problem, welches Sie lösen, bzw. beheben sollen. Unter dem Gliederungspunkt „Ist-Zustand" beschreiben Sie die momentane Situation in ihrem Unternehmen. Sie erläutern die Problematik, die ihren weiteren Ausführungen zugrunde liegen, bzw. erklären dem Leser, welche Ausgangslage Sie im Unternehmen vorfinden.

Beispiel für einen möglichen Istzustand:

Die bisherige Maschine ist „in die Jahre gekommen" und produziert immer mehr fehlerhafte Teile. Die Mitarbeiter sind unzufrieden, da viele Arbeitsschritte wiederholt werden müssen. Zudem sind ihre Kunden missgestimmt, da es häufig zu Qualitätsdefiziten kommt oder die Lieferungen, aufgrund der Mehrfach-Arbeit in der Produktion, später eintreffen, als avisiert. Ihre Aufgabe ist es aus verschiedenen Angeboten einen Entscheidungsvorschlag zu konzipieren, um eine neue Maschine zu kaufen.

Weitere Beispiele zu Ist-Zuständen finden Sie in Kapitel IV.

4. + 5. Sollzustand definieren und Projektauftrag formulieren

Wie bereits erwähnt, besteht nur dann eine Notwendigkeit eine Unterteilung zwischen Sollzustand und Projektauftrag vorzunehmen, wenn die Inhalte voneinander abweichen. Ist dies nicht der Fall, können Sie Sollzustand und Projektauftrag zusammenfassen. Dann würde der Gliederungspunkt lauten: „Sollzustand / Projektauftrag".

Bei diesem Gliederungspunkt handelt sich im Grunde genommen nur um eine detaillierte Darstellung Ihres Themas. Sie sollten versuchen die Zielformulierung an der SMART-Regel zu orientieren.

EXKURS SMART-Regel

Zum besseren Verständnis und zur klaren Abgrenzung ist es notwendig Ziele so zu formulieren, dass bei allen Beteiligten eine inhaltliche Klarheit über die vereinbarten Herausforderungen zugrunde liegt. Werden Ziele mit den Mitarbeitern „schwammig" formuliert, kommt es häufig zu Missverständnissen, Irritationen und Interpretationen. Um dies zu vermeiden, wird die SMART-Regel angewandt.

S = spezifisch
M = messbar
A = anspruchsvoll
R = realistisch
T = terminiert

Das „S", zu Beginn der SMART-Regel, soll das Ziel konkretisieren, d.h. den zugrundeliegenden Sachverhalt genau beschreiben. Das „M" macht das Ziel für alle beteiligten Parteien messbar, d.h. greifbar - beispielsweise 5% mehr Umsatz. Das „A" drückt den Anspruch, bzw. die Akzeptanz der Ziele aus und das „R" zeugt von realistisch erreichbaren Vorhaben. Das „T" rundet die SMART-Regel ab, indem die Zielvereinbarung mit einem Zeitfaktor versehen wird.

Beispiele für Ziele mit und ohne SMART-Regel.

Zielformulierung mit der SMART-Regel:

„Wir wollen in der Produktion die Stückzahl unserer Serie „Gamma" (S) in den nächsten 5 Monaten (T) um 10% (M) steigern". Die Buchstaben A und R haben von Unternehmen zu Unternehmen unterschiedliche Bedeutung, bzw. differieren je nach Unternehmensgröße.

Zielformulierung ohne Anwendung der SMART-Regel:

„Wir wollen in der Produktion die Stückzahl der Serie „Gamma" steigern".

Bei der Zielformulierung ohne SMART-Regel ist nicht definiert wie hoch die Produktionssteigerung aus Sicht der Unternehmensleitung ausfallen soll und bis wann das Ziel zu erreichen ist. Somit kann es zu Missverständnissen bei der Auslegung des Ziels kommen. Mit der Anwendung der SMART-Regel ist dies ausgeschlossen.

6. Anforderungen an die Maschine

Unter dieser Überschrift sollten Sie auf die technischen, qualitativen organisatorischen, ökologischen und sozialen Anforderungen eingehen, die ihre Maschine erfüllen soll, d.h. Sie beschreiben Anforderungen bzgl.:

- Technik
- Organisation
- Service
- Zuverlässigkeit

20

- Bedienerfreundlichkeit
- Umwelt
- Nachhaltigkeit
- Mitarbeiter
- ...

Die einzelnen Anforderungen hängen logischerweise mit dem gewählten Thema zusammen und können somit variieren.

7. Einholen von Angeboten / Ausschreibung

In diesem Punkt werden über eine Ausschreibung, wenn von der GL vorgesehen, Angebote eingeholt. Dies ist in der Regel ein kleiner Punkt, der aber zur Abrundung dazugehört. Wählen Sie ein Thema, was sich mit der Einführung (Implementierung) einer Maschine beschäftigt, entfällt der Gliederungspunkt.

8. Technische Analyse – Funktionsweise der Anlage

Bei der technischen Analyse werden die Funktionsweise und die Besonderheiten des Anlagegutes detailliert beschrieben und dokumentiert. Der Verfasser stellt die technischen Abläufe und das „Innere" der Maschine dar. Eine grafische Illustration erleichtert das Verständnis und hilft vor allem den Korrektoren, die nicht aus der gleichen Branche kommen, wie der Verfasser der Projektarbeit. Die technische Analyse ist, wie die betriebswirtschaftliche Betrachtung, einer der Schwerpunkte der Projektarbeit.

9. Betriebswirtschaftliche Analyse

Die betriebswirtschaftliche Analyse gilt als weiteres Kernstück ihrer Projektarbeit. Da Sie eine Weiterbildung zum „Geprüften Technischen Betriebswirt IHK" absolvieren, ist dieser Punkt zwingend. Eine Arbeit ohne betriebswirtschaftlichen Hintergrund gilt als nicht bestanden.

In unserem Beispiel (Anschaffung einer Maschine), sollten verschiedene Investitionsverfahren beleuchtet werden. Hierunter fallen insbesondere die Kosten-, die Gewinn-, die Rentabilitäts- und die

21

Amortisationsvergleichsrechnung. Auch die Wahl der dynamischen Verfahren ist möglich, jedoch sind diese Verfahren mit dem ein oder anderen Problem behaftet (näheres dazu in den folgenden Kapiteln).

Hilfreich sind unter dem Gliederungspunkt „Erfolgsmessung" auch etwaige Kennzahlen, durch die der Erfolg messbar ist.

Aufgrund der großen Bedeutung der „Betriebswirtschaftlichen Analyse" wird diese zu einem späteren Zeitpunkt in einem separaten Punkt (Kapitel VIII) ausführlich behandelt.

10. Nutzwertanalyse

Die Nutzwertanalyse deckt alle qualitativen Aspekte eines Entscheidungsvorschlags ab. Sie berücksichtigt keine monetären und technischen Gesichtspunkte, diese haben Sie in der betriebswirtschaftlichen und technischen Analyse bereits dargestellt, sondern ausnahmslos weiche Faktoren, wie Qualität, Service etc.

Aufgrund der Bedeutung der Nutzwertanalyse erfolgt auch hier eine separate Betrachtung im Kapitel IX.

11. Nutzen / Mehrwert für das Unternehmen

Dieser Punkt fasst den Nutzen (Mehrwert) des Unternehmens aus qualitativer und quantitativer (monetärer) Sicht zusammen und verdeutlicht nochmals die Notwendigkeit ihrer Arbeit. Sie sollten hier auch auf den Effekt ihrer Lösung eingehen, d.h. welche Synergien kommen durch die Umsetzung ihrer Aufgabe zustande.

12. Fazit / Entscheidungsvorschlag

Unter diesem Punkt fassen Sie ihre Analysen und Ergebnisse zusammen und geben einen begründeten Entscheidungsvorschlag ab.

Viele Absolventen ergänzen den letzten Punkt ihrer Gliederung durch den Punkt „Ausblick". Können Sie machen, müssen Sie aber nicht.

Der Umfang des Fazits und des Entscheidungsvorschlages sollte nicht mehr, als eine Seite umfassen.

FAZIT:

Sie sind in der Wahl ihrer Gliederungspunkte frei. Sie können die einzelnen Gliederungspunkte, auch nach Abgabe der Gliederung, ändern, ergänzen oder weglassen, nur das Thema darf nicht mehr geändert oder verändert werden!

VII. Strukturierte Form (Layout)!

Ein strukturiertes Layout sollte unter anderem folgende Punkte enthalten:

1. Wenn in der Gliederung der Punkt 2.1 aufgenommen wird, muss mindestens auch 2.2 in der Gliederung folgen. Alleine sollte der Punkt 2.1 nicht stehen.
2. Quellenangabe nicht vergessen, Literaturverzeichnis aufführen.
3. Einhalten der vorgegebenen Seitenzahl.
4. Einhalten der Formvorschriften (Abstände, Schriftgröße...).
5. Abbildungsverzeichnis erstellen.
6. Abkürzungsverzeichnis anfertigen.
7. Bei vielen Fremdwörtern ist ein Glossar zu erstellen.
8. Nummerierung der Seiten nicht vergessen (Text: arabische Zahlen, Rest: römische Zahlen).
9. Abgrenzung des Textes vom Rest durch das Wort „Anhang".
10. Eidesstattliche Erklärung aufführen **und** unterschreiben.

FAZIT:

Achten Sie auf die Form ihrer Projektarbeit, auch diese wird bewertet!

VII. Technische Analyse!

Da die Teilnehmer, also Sie, eine Projektarbeit als Technischer Betriebswirt verfassen, wird eine technische Beschreibung in ihrer Arbeit vorausgesetzt. Der Umfang der Beschreibung sollte 3-5 Seiten umfassen (Richtlinie, keine Vorgabe).

Auf folgende Punkte sollten Sie bei der technischen Beschreibung (Analyse) achten:

- Fachbegriffe erklären (Verwenden Sie viele Fachbegriffe sollten Sie diese im Text oder im Glossar darstellen. Nicht jeder Korrektor kommt aus der gleichen Branche, wie Sie)
- Bilder der Anlage, bzw. des technischen Elements zum besseren Verständnis aufführen. Nutzen Sie Abbildungen im Text, die das Verständnis des Lesers für die Zusammenhänge verbessern, alle anderen Grafiken müssen in den Anhang.
- Erklären Sie in einfachen Sätzen die Funktionsweise der Anlage, der Maschine, des Fahrzeugs...

FAZIT:

Die technische Analyse ist zwingend, achten Sie bei ihrer Themenwahl darauf, dass eine ausreichende technische Analyse möglich ist!

VIII. Betriebswirtschaftliche Analyse!

Sie absolvieren eine Weiterbildung zum Geprüften Technischen Betriebswirt IHK, somit wird in ihrer Arbeit eine betriebswirtschaftliche Analyse erwartet und vorausgesetzt. In dieser Analyse erfolgt eine Auflistung aller notwendigen Zahlen, eine Kostengegenüberstellung und / oder eine nachvollziehbare Darstellung der Erlöse.

Handelt es sich bei Ihrem Thema um eine Investitionsentscheidung, wird mit der Kosten-, der Gewinn-, der Rentabilitäts- und der Amortisationsvergleichsrechnung gearbeitet.

Die Verwendung einer dynamischen Investitionsmethode, wie z.B. der Kapitalwertmethode ist kritisch zu betrachten, da meistens keine verbindliche Aussage zu den zukünftigen Ein (e)- und Auszahlungen (a) möglich ist.

Der Kalkulationszinssatz (Anlagezinssätze oder Beleihungszinssätze bei Banken) und die Nutzungsdauer (AfA-Tabelle) können aus dem Internet entnommen werden.

Berücksichtigung möglicher Kosten und Erlöse (je nach Thema):

1. Anschaffungspreis
2. Anschaffungsnebenkosten
3. kalkulatorische Abschreibung
4. kalkulatorische Zinsen
5. fixe Kosten (Gehälter, Miete...)
6. variable Kosten (Löhne, Material...)
7. Umsätze
8. Deckungsbeiträge
9. Restwerte
10. mögliche Einsparungen
11. Schulungskosten
12. Mietkosten
13. Gewinne
14. ...

26

Grundsatz:

Alle Zahlen, alle Unternehmensdaten müssen nachweisbar dargestellt werden, d.h. woher kommen die Zahlen, und wie setzen sie sich zusammen? Keine Zahlen ohne Nachweis!!!

Wenn Sie sich nicht sicher sind, woher die Zahlen kommen, können Sie angeben, dass die Zahlen aus dem Controlling stammen oder von der Geschäftsleitung vorgegeben sind. Diese Begründung können Sie allerdings nicht immer anwenden, dass es Sinn und Zweck der betriebswirtschaftlichen Analyse ist, Zahlen herzuleiten und zu erklären. Weiterhin sollten Sie in der betriebswirtschaftlichen Analyse Indikatoren (Kennzahlen) auswählen, mit denen der Erfolg messbar ist.

FAZIT:

Keine Zahlen ohne Nachweis!

IX. Nutzwertanalyse!

Innerhalb der Nutzwertanalyse werden keine monetären Größen verwendet, diese haben Sie bereits in der betriebswirtschaftlichen Analyse aufgeführt. In der Nutzwertanalyse werden ausschließlich qualitative (weiche) Kriterien, wie Qualität, Service, Image, Liefertreue etc. abgebildet und bewertet.

Grundsätze:

1. **Die Auswahl der Kriterien muss begründet werden. Warum wurden genau diese Kriterien von Ihnen ausgewählt?**
2. **Die Festlegung der Gewichtung muss begründet werden. Warum wurden die einzelnen Kriterien, wie in der Arbeit dargestellt, so von Ihnen gewichtet?**

Liefern Sie in ihrer Arbeit keine Begründung für die Auswahl der Kriterien, begeben Sie sich in ihrer Präsentation vor dem Prüfungsausschuss auf „sehr dünnes Eis".

Auszug eines Gesprächs zwischen einem Absolventen und einem Mitglied des Prüfungsausschusses aus einer Präsentation einer Projektarbeit, bei der die Begründung zur Auswahl der Kriterien weder in der Arbeit, noch in der Präsentation erwähnt wurde.

Prüfer: Neben den von Ihnen ausgewählten Kriterien existieren doch noch weitere Kriterien, oder?

Absolvent: Ja sicherlich

Prüfer: Nennen Sie mal drei weitere

Absolvent nennt drei weitere Kriterien

Prüfer: Warum haben Sie denn nicht diese Kriterien verwendet?

Absolvent: Die in der Arbeit aufgeführten Kriterien waren für mich die wichtigsten Kriterien

Prüfer: Sie haben das entschieden?

Absolvent: ja

Prüfer: Sie wollen mir erzählen, dass ihre subjektive Auswahl der Kriterien eine Entscheidung im hohen sechsstelligen Euro-Bereich rechtfertigt?

Absolvent: ja

Prüfer: Wenn ich Mitglied der Geschäftsleitung wäre, würde ich Ihnen nicht zutrauen. Kriterien auszuwählen, die maßgeblich die Investitionsentscheidung beeinflussen

Absolvent: ähhhh

Prüfer: Würden Sie einem jungen Menschen, der mit Sicherheit nach bestem Wissen und Gewissen die Kriterien ausgewählt hat, eine Entscheidung mit solch einer Tragweite überlassen? Ehrliche Antwort bitte?

Absolvent: Wenn ich genau darüber nachdenke, wohl eher nicht.

Sie kommen aus der Nummer nicht mehr heraus.

Mögliche Lösungsansätze:

1. Sie begründen nachvollziehbar, warum diese Kriterien für die Investitionsentscheidung die Wichtigsten sind.
2. Sie argumentieren, dass die Geschäftsleitung Ihnen die Kriterien vorgegeben hat. Aber, wie oben beschrieben, den „Joker" Geschäftsleitung können Sie in ihrer Arbeit maximal zweimal verwenden.
3.

FAZIT:

Begründen Sie die Auswahl ihrer Kriterien und die dazugehörige Gewichtung!

X. Mögliche Stolperfallen!

Auflistung möglicher Fehler beim Verfassen einer Projektarbeit:

1. <u>Über- oder Unterschreitung der vorgegebenen Seitenanzahl!</u>
   Über- oder unterschreiten Sie die vorgegebene Seitenzahl (bei den meisten Kammern liegt die Toleranzgrenze bei 10 – 20 %), müssen Sie mit einem Punktabzug rechnen.
   Sie werden feststellen, dass Sie eher mit der Über-, als mit der Unterschreitung Probleme bekommen werden. Sollten Sie die vorgegebene Seitenanzahl deutlich überschreiten (>30 %), und Sie können keine Inhalte streichen, bzw. zusammenfassen, da ansonsten die Gefahr besteht, dass der rote Faden und die Nachvollziehbarkeit ihrer Argumente verloren geht, dann lassen Sie die Anzahl der Seiten unverändert und kalkulieren den Punktabzug mit ein.

2. <u>Vermeidbare Rechtschreibfehler!</u>
   Es ist immer wieder erstaunlich, wie viele Rechtschreibfehler sich in eine Projektarbeit „einschleichen". Wenn Sie die Projektarbeit mit „Word" verfassen, zeigt Ihnen Word an, welche Wörter falsch geschrieben sind, bzw. an welchen Stellen Unstimmigkeiten vorliegen - nutzen Sie die Rechtschreibprüfung, die Word anbietet, um Rechtschreibfehler zu vermeiden.
   Manche Korrektoren ziehen Ihnen den ein oder anderen Punkt ab, wenn es zu viele Rechtschreibfehler sind.
   Falsche Kommasetzung hingegen wird nicht bewertet.

3. <u>Nummerierung in der Gliederung!</u>
   Wenn Sie in ihrer Gliederung eine Untergliederung vornehmen, beispielsweise unter dem Kapitel 2 mit 2.1 einen Unterpunkt beschreiben, brauchen Sie auch 2.2. Ein alleinstehender Gliederungspunkt 2.1, um anschließend mit 3. fortzufahren, geht nicht, bzw. sollte vermieden werden. Auch hier besteht die Gefahr, dass man Ihnen Punkte abzieht, wenn Sie die Form nicht einhalten.

4. Stilfehler!
    Vermeiden Sie Stilfehler, wie etwa einen Gliederungspunkt in der letzten Zeile einer Seite zu platzieren und mit dem Inhalt dieses Gliederungspunktes auf der nächsten Seite zu beginnen (Überschrift auf der Seite 4 als letzte Zeile, Text geht auf Seite 5 los).

5. Keine Wiederholungen!
    Vermeiden Sie Wiederholungen im Text!
    ...wie bereits auf Seite 4 erwähnt...
    Sie haben den Sachverhalt bereits auf Seite 4 erwähnt, warum wollen Sie ihn wiederholen? Die Prüfer sind in der Regel sehr erfahren, was das Korrigieren von Projektarbeiten anbelangt. Sie erkennen sehr schnell, ob es sich um Wiederholungen handelt. Eine Wiederholung, auch mit anderen Worten formuliert, bringt keinen Mehrwert für ihre Arbeit.

6. „Seitenschinden"!
    Ein weiteres Phänomen ist das „Schinden von Seiten", indem nach jedem Gliederungspunkt eine neue Seite angefangen wird. Beispiel: Ist der Gliederungspunkt 2 auf Seite 6 beendet, bleibt der Rest der Seite frei, d.h. der neue Gliederungspunkt 3 beginnt auf Seite 7.
    Je nachdem wie geschickt sich der Verfasser dies überlegt, kann er mit dieser Methode 3-4 Seiten „schinden", um auf die erforderliche Anzahl der Seiten zu kommen.
    Unterlassen Sie dies – es fällt auf, und der Korrektor zählt die leeren „Flächen" zusammen und zieht sie Ihnen von ihrer Gesamt-Seitenzahl ab.

7. Keine Quellenangaben, bzw. falsches Zitieren!
    Wenn Sie auf Quellen zurückgreifen, müssen Sie diese durch Fußnoten kennzeichnen, vergessen Sie dies nicht und achten Sie auf richtiges Zitieren (siehe Formvorschriften zum Verfassen einer

31

Projektarbeit der jeweiligen Kammer). Verwenden Sie fremde Texte und geben diese nicht als Quelle an, kommt es meistens zu einem „Stilbruch", d.h. ihr bisheriger Schreibstil weicht deutlich von der Formulierung der nicht angegebenen Quelle ab – es fällt in der Regel auf.

8. Abbildungen sind zu klein und nicht erkennbar, bzw. „verpixelt"!
    Grundsätzlich gilt für Abbildungen, dass Sie in den Text gehören, wenn sie zum Verständnis des Inhaltes beitragen. Abbildungen, wie beispielsweise eine Weltkarte mit den unterschiedlichen Standorten ihres Unternehmens, gehören in den Anhang, sie bilden für ihre Arbeit keinen Mehrwert.
    Sie sollten ruhig Abbildungen oder Diagramme im Text einbauen, sie lockern nicht nur den Inhalt auf, sondern dienen auch zur Information für den Leser. Übertreiben Sie es aber nicht, ihre Projektarbeit soll kein Bildband werden.
    Wenn Sie Abbildungen im Text verwenden, achten Sie auf die Darstellung der Abbildung, sie muss klar erkennbar sein und sollte nicht zu klein und unscharf (verpixelt) im Text dargestellt werden.

9. Das Thema passt nicht zum Inhalt!
    Achten Sie darauf, dass die Inhalte ihrer Projektarbeit mit dem gewählten (oder vorgegebenen) Thema übereinstimmen (siehe Kapitel V). Ihre Arbeit kann inhaltlich noch so gut sein, Sie können alle Berechnungen fundiert dargestellt und alle Zahlen nachweislich erklärt haben, wenn ihr Inhalt nicht zum Thema passt, haben Sie kaum eine Chance die Projektarbeit erfolgreich zu bestehen.

10. Entscheidungsvorschlag versus Einführung!
    Der Klassiker unter den Fehlern beim Erstellen einer Projektarbeit ist das fehlende Verständnis zur inhaltlichen Unterscheidung zwischen Entscheidungsvorschlag und Einführung (siehe Kapitel V). Bei einer Einführung ist die Entscheidung zur Anschaffung bereits gefallen, und Sie beschreiben den Einführungsprozess,

über die Bildung eines Projektteams, mit dem dazugehörigen Projektstrukturplan und dem Erstellen einer Zeitachse, um festzulegen, bis wann die Einführung abgeschlossen sein soll. Sie organisieren Schulungen, führen diese durch und prüfen die Umsetzung, testweise in einzelnen Abteilungen.

Bei einem Entscheidungsvorschlag vergleichen Sie mehrere Angebote und bereiten eine Empfehlung vor und präsentieren diesen Entscheidungsvorschlag ihrer Geschäftsleitung.

11. <u>Keine klare Darstellung des Problems, welches gelöst werden soll!</u>
Für den Korrektor einer Projektarbeit muss, spätestens beim Gliederungspunkt „Sollzustand / Projektauftrag", erkennbar sein, mit welcher Problematik sich der Verfasser auseinandersetzt. Der Korrektor hat immer dann ein Problem, wenn er eine Arbeit liest, ohne zu wissen, worum es eigentlich geht, d.h. es ist nicht klar ersichtlich, welches konkrete Problem, auf welche Weise gelöst werden soll.

12. <u>Abschweifen von der eigentlichen Aufgabe in theoretische Abhandlungen!</u>
Leider wird der rote Faden in der Gliederung allzu oft verlassen und anstatt sich mit der Problemlösung am Unternehmen zu orientieren, werden seitenweise theoretische Abhandlungen verfasst. Sicherlich müssen Sie gewisse Sachverhalte theoretisch beschreiben und erläutern - halten Sie sich kurz, der Sinn ihrer Projektarbeit besteht darin, ein Problem zu lösen und hierbei alle ihre Maßnahmen auf das Unternehmen zu beziehen.

13. <u>Fehlender roter Faden in der Gliederung!</u>
Häufig sind Gliederungen nicht strukturiert, d.h. manche Punkte werden zu Beginn aufgeführt, die eigentlich erst später beschrieben werden sollen, und manche Punkte, die an den Anfang einer Gliederung gehören, finden sich gegen Ende wieder. Eine Gliederung muss dem Gedanken eines sogenannten „roten Fadens" folgen, d.h. die einzelnen Gliederungspunkte bauen

aufeinander auf und sind nachvollziehbar angeordnet. Vermeiden Sie in ihrer Gliederung Wiederholungen und achten Sie auf einen strukturierten sowie logischen Aufbau.

14. Fachbegriffe werden verwendet, die nicht erklärt werden!
Als Verfasser der Projektarbeit stecken Sie tiefer im Thema, als der Korrektor, bzw. die Prüfer bei der Verteidigung ihrer Arbeit, daher sollten Sie Begriffe, die für Sie als Experte klar sind, aber für den Leser, bzw. die Zuhörer nicht, erklären.
Nicht jeder Korrektor kommt aus ihrer Branche. Es ist für den Korrektor schwierig eine Arbeit zu beurteilen, wenn er die Fachbegriffe nicht versteht, versetzen Sie sich daher beim Verfassen ihrer Arbeit ab und zu in die Situation des Korrektors.

Hilfreich ist es zudem, wenn Sie ihre fertige Arbeit von jemandem lesen lassen, der von ihrem gewählten Thema keine Ahnung hat. Versteht derjenige die Zusammenhänge in ihrer Arbeit, versteht es auch der Korrektor. Versteht der Leser nicht, worum es geht, wird es der Korrektor aller Wahrscheinlichkeit nach auch nicht. Verwenden Sie viele Fachbegriffe, fertigen Sie ein Glossar (Verzeichnis für Fachbegriffe) an.

15. Fehlende Abbildungen, die für das technische Verständnis wichtig sind!
Wählen Sie als Thema einen Entscheidungsvorschlag zur Anschaffung einer speziellen technischen Maschine, sollten Sie die Maschine durch eine Abbildung im Text darstellen. Die Abbildung trägt zum Verständnis des Textes bei. Sie ist nur notwendig, wenn der Leser das Anlagegut nicht kennt.

16. Betriebswirtschaftliche Analyse: Aufgeführte Zahlen werden nicht nachgewiesen!
Die fehlende Erklärung, wo die Zahlen herkommen und wie sie sich zusammensetzen, ist einer der Hauptmängel in einer Projektarbeit (siehe Kapitel VIII). Sie sollten bei ihrer

betriebswirtschaftlichen Analyse jede Zahl erklären können, bzw. einen Nachweis erbringen, wie sie sich zusammensetzt. Keine Zahlen ohne Nachweis!

17. <u>Bei der Ermittlung der Personalkosten, die eventuell eingespart werden können, fehlt der AG-Anteil!</u>
Das Unternehmen zahlt nicht nur die Gehälter seiner Mitarbeiter, sondern auch den verpflichteten Arbeitgeberanteil. Vergessen Sie ihn nicht bei ihrer Kostenanalyse. Wie sich der Arbeitgeberanteil zusammensetzt, und wie hoch er ist, können Sie aus dem Internet entnehmen.

18. <u>Nutzwertanalyse: Begründung bei der Auswahl der Kriterien und der Gewichtung dieser Kriterien fehlt!</u>
Häufig werden bei einer Nutzwertanalyse Kriterien ausgewählt, ohne zu begründen, warum ihre Wahl auf diese Kriterien gefallen ist. Ebenso wird eine Gewichtung vorgenommen, ohne zu erläutern, warum Sie so gewichtet haben. Sie machen ihre Arbeit damit angreifbar. Verwenden Sie in ihrer Arbeit eine Nutzwertanalyse müssen Sie die Auswahl und die Gewichtung ihrer Kriterien im Text begründen (siehe Kapitel IX).

19. <u>Nutzwertanalyse: Es werden auch monetäre Faktoren verwendet!</u>
Haben Sie bereits eine betriebswirtschaftliche Analyse durchgeführt, oder sie folgt in einem der nächsten Gliederungspunkte, dürfen Sie keine monetären Größen, wie Kosten oder Umsätze in ihrer Nutzwertanalyse verwenden. Die finanziellen Werte haben in einer Nutzwertanalyse nichts zu suchen, da sie Inhalt der betriebswirtschaftlichen Analyse sind. Es werden ausschließlich qualitative, sogenannte weichen Faktoren, in der Nutzwertanalyse berücksichtigt. Beispiele für Kriterien der Nutzwertanalyse sind unter anderem Qualität, Service, Image oder Bedienerfreundlichkeit etc.

20. Betriebswirtschaftliche und Nutzwertanalyse führen nicht zur gleichen Empfehlung!

Immer wieder „faszinierend" zu lesen und nicht zu verstehen, ist die Tatsache, dass die betriebswirtschaftliche Analyse und die Nutzwertanalyse zu unterschiedlichen Entscheidungsvorschlägen führen. Bitte vermeiden Sie dieses Phänomen. Sie sollen ihrer Geschäftsleitung einen Entscheidungsvorschlag präsentieren und nicht eine Wahlmöglichkeit. Ergibt ihre betriebswirtschaftliche Analyse, dass beispielsweise Maschine A zu bevorzugen ist, sollte die Nutzwertanalyse, die Sie durch die Gewichtung beeinflussen können, auch Maschine A empfehlen und nicht Maschine B. Beide Analysen sollten zur selben Empfehlung führen.

21. Fazit, bzw. Entscheidungsvorschlag fehlen!

Vergessen Sie nicht am Ende ihrer Projektarbeit ein Fazit, bzw. einen Entscheidungsvorschlag zu formulieren. Dieser Punkt rundet ihre Arbeit ab und gehört dazu. Verzichten Sie dagegen auf Prognosen für die Zukunft oder irgendwelche Visionen, wie sich der Markt in der Zukunft entwickeln wird. Sie schreiben keinen Roman, sondern eine Projektarbeit.

22. Eidesstattliche Erklärung ist nicht unterschrieben!

Leider wird ab und zu vergessen die eidesstattliche Erklärung zu unterschreiben. Aus Sicht des Korrektors kann die fehlende Unterschrift in zwei Richtungen gedeutet werden. Entweder Sie haben es einfach vergessen, oder Sie haben bewusst auf die Unterschrift verzichtet, weil Sie einige Passagen aus Quellen verwendet, diese jedoch nicht angegeben haben. Sie machen ihre Arbeit angreifbar.

Je nach Prüfungsabteilung der IHKs hat die fehlende Unterschrift unterschiedliche Konsequenzen, von der Möglichkeit die Erklärung nachträglich unterschreiben zu können, bis hin zu Punktabzug.

Auch in digitaler Form ist es möglich die eidesstattliche Erklärung zu unterschreiben – vergessen Sie es nicht.

FAZIT:

Vermeiden Sie grundlegende Fehler, sie werten ihre Projektarbeit ab!

XI. Häufig gestellte Fragen!

Im Folgenden finden Sie eine Auflistung häufig gestellter Fragen und deren Beantwortung.

1. Welches Thema soll ich nehmen? Mir fällt nichts ein.
2. Wie konzipiere ich eine strukturierte Gliederung?
3. Worauf muss ich beim Schreiben achten?
4. Wie sind die Formvorschriften? Wo bekomme ich diese her?
5. Darf ich während des Schreibens noch Überschriften ändern?
6. Soll ich meine Arbeit von Dritten Korrekturlesen lassen?
7. Welche Abbildungen gehören in den Text?
8. Gilt die Seitenzahlbegrenzung auch für den Anhang?
9. Muss ich alle Quellen angeben?
10. Wie zitiere ich richtig?

zu 1) Welches Thema soll ich nehmen?

Eine pauschale Antwort ist bei dieser Frage nicht möglich. Sie sollten einen Themenbereich nehmen, in dem Sie sich auskennen – Halbwissen fällt auf.

zu 2) Wie konzipiere ich eine strukturierte Gliederung?

Wichtig ist ein roter Faden, der eine klare Struktur erkennen lässt.

zu 3) Worauf muss ich beim Schreiben achten?

Verfallen Sie nicht in den Fehler, dass Sie zu theoretisch werden, konzentrieren Sie alle ihre Inhalte auf die Problemlösung im Sinne des Unternehmens. Theoretische Inhalte ja, soweit nötig, nicht mehr.

zu 4) Wie sind die Formvorschriften? Wo bekomme ich diese her?

Die Formvorschriften erhalten Sie von ihrem jeweiligen Weiterbildungsträger, bzw. der zuständigen Kammer.

zu 5) Darf ich während des Schreibens noch Überschriften ändern?

Sie können beim Schreiben jederzeit einzelne Gliederungspunkte verändern, weglassen oder neue hinzufügen. Sie dürfen nur das Thema nicht ändern.

zu 6) Soll ich meine Arbeit von Dritten Korrekturlesen lassen?

Ja, es ist wichtig die Meinung Dritter einzuholen. Lassen Sie ihre Arbeit von jemandem lesen, der aus der Materie kommt und zusätzlich von jemandem, der mit dem Thema nichts anfangen kann. Von beiden Seiten erhalten Sie wertvolle Informationen.

zu 7) Welche Abbildungen gehören in den Text?

Alle Abbildungen, die einem besseren Verständnis dienen, gehören in den Text, der Rest in den Anhang.

zu 8) Gilt die Seitenzahlbegrenzung auch für den Anhang?

Nein, die Seitenzahlbegrenzung bezieht sich ausschließlich auf den Text, nicht auf den Anhang.

zu 9) Muss ich alle Quellen angeben?

Ja!

zu 10) Wie zitiere ich richtig?

Die Zitiervorschriften erhalten Sie von ihrem Weiterbildungsträger, bzw. von der zuständigen Prüfungsabteilung der IHK.

FAZIT:

Weitere Fragen können Sie der jeweiligen Prüfungskammer, bzw. ihrem Betreuer der Projektarbeit stellen!

XII. Eckpunkte der Präsentation einer Projektarbeit!

In der mündlichen Prüfung, der sogenannten „Verteidigung ihrer Projektarbeit", haben Sie einen gewissen Zeitrahmen zur Verfügung, um über eine PowerPoint-Präsentation ihre Arbeit in verkürzter Form zu präsentieren.

Da nicht nur der Inhalt, sondern auch die Präsentation beurteilt wird, bietet sich ein Handout an, welches Sie zu Beginn an den Prüfungsausschuss verteilen. Ein Handout ist bei den meisten Prüfungsausschüssen keine Pflicht, sondern eine Kann-Option, die empfehlenswert ist. So können die Prüfer zurückblättern, wenn sie etwas nachschauen möchten.

Seien Sie sich darüber im Klaren, dass beispielsweise bei einem dreiköpfigen Prüfungsausschuss ein Mitglied ihre Arbeit gelesen und benotet hat und die anderen beiden Mitglieder ihre Arbeit nicht kennen.

Ihre Aufgabe ist es nun den beiden „Laien" in vorgegebener Zeit ihr Thema so darzustellen, dass diese das Thema auch verstehen und ihre Argumente nachvollziehen können. Unterschätzen Sie das nicht, das hört sich leichter an, als es ist, da Sie tief im Thema stecken und viele Begriffe für Sie selbstverständlich sind, für den aufmerksamen Zuhörer nicht.

Die Präsentation ist nichts anderes, als eine Zusammenfassung ihrer Arbeit. Konzentrieren Sie sich auf das Wesentliche.

Folgende Punkte sollten Sie bei der Präsentation beachten:

1. Begrüßung!
2. Nicht vor der PowerPoint-Präsentation stehen, sodass ihre Zuhörer und Zuschauer nichts oder nur wenig erkennen können!
3. Ruhig und deutlich reden, nicht zu schnell!

4. Nicht zu viele Informationen auf einer Folie darstellen – Sie überfordern die Leser, bzw. Zuhörer. Lassen Sie die einzelnen Punkte nacheinander „einschweben"!
5. Verwenden Sie keine speziellen Fachbegriffe, ohne sie zu erklären und erläutern Sie die Funktionsweise ihres technischen Anlagegutes!
6. Alle Zahlen in ihrer PowerPoint-Präsentation werden erklärt und begründet. Entweder in der Präsentation selbst oder mündlich!
7. Überschreiten Sie nicht zu sehr die vorgegebene Zeit!
8. Finden Sie ein ausgewogenes Verhältnis zwischen Blickkontakt zum Prüfungsausschuss und Blickkontakt zu ihrer Präsentation!
9. Vergewissern Sie sich im Vorfeld, dass ihre Technik und die Technik im Prüfungsraum kompatibel sind!
10. Lernen Sie ihre Präsentation nicht komplett auswendig – die Prüfer merken, ob etwas auswendig gelernt wurde oder frei vorgetragen wird!
11. Vorbereitung auf mögliche Fragen.
12. Keine Zahlen in der Präsentation gegenüber ihrer Arbeit verändern!
13. Zwei der Mitglieder des Prüfungsausschusses (bei drei Mitgliedern) haben ihre Arbeit nicht gelesen – also einfach und verständlich die einzelnen Punkte erklären!
14. Üben Sie die Präsentation im Vorfeld vor einem Spiegel oder stellen Sie die Präsentation jemandem vor (wie, als wenn Sie vor dem Prüfungsausschuss stehen)!
15. In der Kürze liegt die Würze!
16. ...

zu 1) Begrüßung!

Vor Beginn ihrer Präsentation sollten Sie die Mitglieder des Prüfungsausschusses begrüßen, dies gibt zwar keine Punkte, gehört aber zum Einstieg dazu. Vermeiden Sie Sätze wie *„ich freue mich heute hier zu sein, um ihnen..."*, das glaubt Ihnen niemand. In meiner langjährigen Tätigkeit als Prüfer habe ich noch niemanden kennengelernt, der voller Begeisterung und Freude vor dem Prüfungsausschuss seine Projektarbeit verteidigt hat.

zu 2) Nicht vor der PowerPoint-Präsentation stehen, sodass ihre Zuhörer und Zuschauer nichts oder wenig erkennen können!

In der Regel sind die Platzverhältnisse während der Präsentation ausreichend. Sie verfügen über genügend Raum sich neben dem Bildschirm oder dem Präsentationsmedium zu bewegen. Stellen Sie sich nicht so „unglücklich" vor ihre Präsentation, dass die Prüfer nichts oder wenig erkennen können. Die meisten Mitglieder des Prüfungsausschusses werden Sie während der Präsentation nicht darauf hinweisen, dass Sie vor ihrer Präsentation stehen, sondern Ihnen nach ihrem Vortrag mitteilen, dass sie wenig bis gar nichts sehen konnten. Dann ist es zu spät und Sie müssen mit einem Punktabzug für ihre Präsentation rechnen.

Häufig kommen dann Sätze wie: *„ich würde ja gerne ein paar Fragen stellen, aber ich kann es nicht, weil ich nichts sehen konnte"*. Vermeiden Sie solche peinlichen Momente und „checken" Sie am Anfang ihren Standort.

zu 3) Ruhig und deutlich reden, nicht zu schnell!

Viele Teilnehmer sprechen bei der Vorstellung ihrer Präsentation viel zu schnell. Sie begehen den Fehler zu schnell zu reden, weil sie Angst haben die vorgegebene Zeit zu überschreiten. Menschlich nachvollziehbar – man hat zu Hause die Präsentation mit der Stoppuhr geübt und gerade so die Zeit eingehalten – aber nicht sinnvoll, da gerade die Mitglieder des Prüfungsausschusses, die ihre Arbeit nicht gelesen haben, überfordert werden und nicht alles mitbekommen, weil Sie zu schnell reden. Sprechen Sie ruhig und deutlich, auch wenn Sie die vorgegebene Zeit etwas überschreiten.

43

zu 4) Nicht zu viele Informationen auf einer Folie darstellen – Sie überfordern die Leser. Lassen Sie die einzelnen Punkte nacheinander „einschweben"!

Einer der „Klassiker" bei der Präsentation ist die Überfrachtung von Informationen auf einer Folie. Versetzen Sie sich in die Situation der Ausschussmitglieder, die ihre Arbeit nicht gelesen haben. Diese sehen eine Folie mit vielen (zu vielen) Informationen, gleichzeitig sollen sie Ihnen zuhören und auf der Folie den Informationen folgen. Sie überfordern die Ausschussmitglieder, was nicht besonders positiv ankommt.

Lassen Sie die einzelnen Punkte nacheinander „einschweben", so kann man ihrer Argumentation sowohl akustisch als auch visuell folgen.

zu 5) Verwenden Sie keine speziellen Fachbegriffe, ohne sie zu erklären und erläutern Sie die Funktionsweise ihres technischen Anlagegutes!

Sie „stecken" tiefer im Thema, als die Prüfer, daher sind für Sie viele Begriffe selbstverständlich und logisch, für die Ausschussmitglieder nicht. Verwenden Sie daher keine speziellen Fachbegriffe, ohne sie zu erklären. Erläutern Sie die Funktionsweise ihres technischen Anlagegutes mit einfachen Worten, nicht jeder Prüfer kommt aus ihrer Branche. Verstehen die Prüfer nicht, wie ihre technische Anlage funktioniert oder können ihren Ausführungen nicht folgen, müssen Sie mit deutlichem Punktabzug rechnen.

zu 6) Alle Zahlen in ihrer PowerPoint-Präsentation werden erklärt und begründet. Entweder in der Präsentation selbst oder mündlich!

Was für ihre Projektarbeit gilt, ist auch in ihrer Präsentation Pflicht. Alle Zahlen in ihrer PowerPoint-Präsentation werden erklärt und begründet. Entweder in der Präsentation selbst oder mündlich. Sie müssen nicht erklären, wie sich die kalkulatorische Abschreibung errechnet, das wissen die Prüfer, aber wie sich der Stundenlohn, den Sie angesetzt haben, zusammensetzt, schon. Auch wenn Sie sich denken „das weiß man doch", tun Sie es, erläutern Sie die einzelnen Zahlen, Sie vermitteln Kompetenz und Fachwissen. Gerade bei Themen, die sich mit Investitionsentscheidungen beschäftigen, ist es empfehlenswert die einzelnen Zahlen zu erläutern.

Folgende Fragen sollten Sie unter allen Umständen beantworten, bzw. die sich daraus ergebenden Zahlen erklären:

- Wie setzen sich die Einsparungen zusammen?
- Woher kommt der Gewinn?
- Wie kommen Sie auf den Stundenlohn der Mitarbeiter?
- Woher kommen die externen Kosten?

Als hilfreich erweist sich ebenfalls eine Gesamtkostenübersicht, sowohl in der Projektarbeit, als auch in der Präsentation, wenn Sie viele Einzelkosten in ihrer Projektarbeit darstellen.

zu 7) Überschreiten Sie nicht zu sehr die vorgegebene Zeit!

Bei den meisten IHKs unterliegen Sie bei der Präsentation ihrer Projektarbeit einer sogenannten Zeitrestriktion, d.h. Sie haben eine Zeitvorgabe, in der Sie ihre Präsentation halten müssen. In der Regel liegt der Zeitrahmen zwischen 15 und 20 Minuten. Sie sollten die Zeit einhalten, bzw. nur geringfügig überschreiten.

Leider ist es schon häufiger vorgekommen, dass Teilnehmer, trotz ermahnender Hinweise zum Ende zu kommen, während ihrer Präsentation gestoppt wurden, weil die Zeit deutlich überschritten wurde. Dies ist ein „No-Go" - halten Sie sich an die Zeitvorgabe, eine geringfügige Über- oder Unterschreitung ist aber kein Thema und wird akzeptiert.

zu 8) Finden Sie ein ausgewogenes Verhältnis zwischen Blickkontakt zum Prüfungsausschuss und Blickkontakt zu ihrer Präsentation!

Halten Sie Blickkontakt zum Prüfungsausschuss, Sie stellen ihm etwas vor, also schauen Sie die Mitglieder an. Wechseln Sie ab und zu ihre Blickrichtung und widmen sich ihrer Präsentation. Finden Sie ein ausgewogenes Verhältnis.

Gelegentlich kommt es vor, dass Sie ein Mitglied des Prüfungsausschusses kennen, vielleicht ist ein Prüfer einer der Dozenten, die Sie bei der Weiterbildung hatten. Einerseits führt ein bekanntes Gesicht dazu, dass ihre Nervosität abnimmt, andererseits besteht die Gefahr, dass Sie nur diese Person anschauen und den Blickkontakt zu den anderen Mitgliedern des Prüfungsausschusses vernachlässigen. Finden Sie auch hier ein ausgewogenes Verhältnis und schauen Sie nicht die ganze Zeit die ein und selbe Person an.

Arbeiten Sie mit Karteikarten, sollten Sie darauf achten, dass Sie nicht nur auf die Karteikarten schauen und wenig Blickkontakt zu den Prüfern halten.

zu 9) Vergewissern Sie sich im Vorfeld, dass ihre Technik und die Technik im Prüfungsraum kompatibel sind!

Selten, aber nicht ausgeschlossen, ist die Tatsache, dass ihre technische Ausrüstung nicht kompatibel mit der technischen Ausstattung im Prüfungsraum ist. Checken Sie im Vorfeld ab, welches System in der Kammer verwandt wird und passen Sie ihre Präsentation an. In Zeiten der Digitalisierung ist das möglich.

zu 10) Lernen Sie ihre Präsentation nicht komplett auswendig – die Prüfer merken, ob etwas auswendig gelernt wurde oder frei vorgetragen wird!

Vor „Publikum aufzutreten" ist nicht jedermanns Sache. Manchem fällt es leichter, manchem Absolventen schwerer. Letztere neigen dazu die Präsentation auswendig zu lernen und sie 1:1, wie auswendig gelernt, vorzutragen. Verzichten Sie darauf – es fällt auf. Die Prüfer erkennen sehr schnell, ob jemand seine Präsentation frei hält, oder ob das auswendig gelernte „runter gerasselt" wird. Da auch die Art ihrer Präsentation bewertet wird, sollten sie das sture Auswendiglernen vermeiden.

zu 11) Vorbereitung auf mögliche Fragen.

Bereiten Sie sich bereits im Vorfeld auf mögliche Fragen vor, die nach ihrer Präsentation gestellt werden könnten. Lesen Sie hierzu ihre Projektarbeit und ihre Präsentation nochmals genau durch und überlegen sich, was die Prüfer fragen könnten.

Hilfreich ist es zudem, wenn Sie sich in die Situation der Prüfer versetzen und überlegen, was Sie, wenn Sie Prüfer wären, fragen würden. Häufig decken sich die Fragen, die Sie stellen würden mit denen der Prüfer.

zu 12) Keine Zahlen in der Präsentation gegenüber ihrer Arbeit verändern!

Sollten Sie feststellen, dass Ihnen in der Projektarbeit ein Fehler unterlaufen ist, bieten sich Ihnen zwei Optionen an. Sie korrigieren den Fehler in ihrer Präsentation oder Sie verändern in ihrer Präsentation nichts und hoffen, dass es nicht auffällt.

Was Sie auf keinen Fall machen sollten, ist den Fehler in der Präsentation zu korrigieren und die Prüfer darauf hinweisen, dass Ihnen in der Projektarbeit ein Fehler unterlaufen ist. Die Wahrscheinlichkeit, dass der Fehler auffällt ist relativ gering, und kann nur vom Korrektor bemerkt werden, da die anderen Prüfer ihre Arbeit nicht gelesen haben. Spricht der Korrektor Sie auf den Fehler, den Sie in der Präsentation korrigiert haben, an, geben Sie zu, dass Ihnen dieser Fehler passiert ist, Sie ihn aber in der Präsentation berichtigt haben.

zu 13) Zwei der Mitglieder des Prüfungsausschusses (bei drei Mitgliedern) haben ihre Arbeit nicht gelesen – also einfach und verständlich die einzelnen Punkte erklären!

Denken Sie immer daran, dass nur ein Mitglied des Prüfungsausschusses ihre Arbeit gelesen hat, und somit tief im „Thema steckt", die anderen Ausschussmitglieder verfügen nicht über diese Kenntnisse. Für sie ist der Inhalt ihrer Arbeit in der Regel „Neuland". Daher erklären Sie die wesentlichen Elemente ihrer Arbeit einfach, nachvollziehbar und verständlich.

zu 14) Üben Sie die Präsentation im Vorfeld vor einem Spiegel oder stellen Sie die Arbeit jemandem vor (wie, als wenn Sie vor dem Prüfungsausschuss stehen)!

Um ein Gefühl für ihren Vortrag zu bekommen, sollten Sie, unter Prüfungsbedingungen, ihre Präsentation üben. Stoppen Sie die Zeit und stellen Sie sich vor einen Spiegel oder stellen Sie die Präsentation jemandem vor, der für Sie den Prüfungsausschuss simuliert. Sie gewinnen Sicherheit und ihre Nervosität am Prüfungstag sinkt.

zu 15) In der Kürze liegt die Würze!

Vermeiden Sie eine PowerPoint-Präsentation, die den gleichen oder ähnlichen Umfang aufweist, wie ihre Projektarbeit. Fassen Sie die wichtigsten Punkte zusammen, Sie haben nur eine begrenzte Zeit zur Verfügung.

FAZIT:

Bereiten Sie sich gut auf ihre Präsentation vor, Halbwissen fällt auf!

XIII. Themenvorschläge mit Gliederung!

Bei den folgenden Themenvorschlägen mit Gliederung handelt es sich lediglich um Vorschläge zum Erstellen einer Projektarbeit Sie müssen sich nicht an die Gliederung halten oder das Thema 1:1 übernehmen. Sie können das Thema ihren Vorstellungen anpassen und die einzelnen Gliederungspunkte ergänzen oder weglassen.

Die einzelnen Themenvorschläge beziehen sich auf verschiedene Bereiche, die Sie in ihrer Weiterbildung kennengelernt haben. Angefangen von Investitionsentscheidungen und IT-Themen über Finanzierungskonzepte, bis hin zu Logistikthemen. Für die anschließenden Gliederungsvorschläge wurden bewusst unterschiedlichen Formatierungen gewählt. Je nach Formvorschrift ihrer zuständigen IHK passen Sie die Formatierung an.

Natürlich kann ich keine Garantie übernehmen, dass Sie bei Übernahme des Themas und der dazugehörigen Gliederung die Projektarbeit nach ihren Vorstellungen bestehen, dies ist auch nicht der Sinn dieser Hilfestellung. Die Gliederungen sollen Ihnen lediglich Gedankenanstöße geben und mögliche Lösungsansätze bieten ihre Projektarbeit selbst zu gestalten und erfolgreich abzuschließen.

49

Thema: Entscheidungsvorschlag zum Kauf einer neuen Maschine bei der ... GmbH

1. Vorstellung des Unternehmens

2. Istzustand

   2.1 Vorhandene Maschine ist veraltet

   2.2 Mitarbeiterunzufriedenheit steigt durch doppelte Arbeitsschritte bei Funktionsstörungen der alten Maschine

   2.3 Kunden sind mit der Qualität der Produkte nicht zufrieden

   2.4 Wettbewerber liefert bessere Qualität

3. Sollzustand / Projektauftrag: Kauf einer neuen Maschine, um die Bestandskunden zu halten, Neukunden zu akquirieren und den Umsatz im nächsten Geschäftsjahr um ...% zu steigern

4. Anforderungen an die neue Maschine

   4.1 Technische Anforderungen

   4.2 Qualitative Anforderungen (Bedienerfreundlichkeit...)

   4.3 Nachhaltigkeit

5. Betriebswirtschaftliche Analyse

   5.1 Kostenvergleichsrechnung

   5.2 Gewinnvergleichsrechnung

   5.3 Entscheidungsfindung

   5.4 Rentabilitätsvergleichsrechnung der ausgewählten Maschine

   5.5 Amortisationsvergleichsrechnung der ausgewählten Maschine

6. Nutzwertanalyse

   6.1 Erklärung der Nutzwertanalyse

   6.2 Auswahl der Kriterien

Entscheidungsvorschlag für die Investition in Künstliche Intelligenz (KI) zur Prozessoptimierung in der Lagerwirtschaft der... AG

1. Unternehmensvorstellung

    1.1. Die ...AG

    1.2. Aufbau der Lagerwirtschaft der ...AG

2. Ist-Situation

    2.1. Beschreibung der aktuellen Prozesse

    2.2. Identifizierung der Schwachstellen

    2.3. Aufzeigen der Optimierungspotenziale

3. Soll-Situation / Projektauftrag

    3.1. Prozessoptimierung durch den Einsatz von KI im Lagerwesen

    3.2. Reduzierung der Kosten in der Lagerwirtschaft um 8% bis Ende 20...durch den Einsatz von KI

4. Anforderungen an die KI

5. Vor- und Nachteile des Einsatzes von KI

6. Auswahl möglicher KI-Systeme

7. Betriebswirtschaftliche Analyse

    7.1. Kostenvergleichsrechnung

    7.2. Aufstellung aller Kosten

    7.3. Auswahl der geeigneten KI-Technologie für das Unternehmen aus wirtschaftlicher Sicht

    7.4. Ermittlung des Einsparpotentials im Lagerwesen

8. Nutzwertanalyse

    8.1. Auswahl der Kriterien

Entscheidungsvorschlag zur Anschaffung einer Beschaffungssoftware zur Optimierung der Einkaufs-Prozesse bei der ...KG

1. Vorstellung des Unternehmens

2. Ist-Zustand

3.1 Aktueller Beschaffungsprozess ohne Software

3.2 Aktuelle Beschaffungskosten

3.3 Unzufriedenheit der Mitarbeiter durch fehlende Struktur in den Abläufen

3.4 Unzufriedenheit der Lieferanten, aufgrund fehlender digitaler Vernetzung

3. Zielformulierung des Soll-Zustandes/Projektauftrag

3.1 Einführung der Beschaffungssoftware bis Ende 20...

3.2 Reduzierung der Beschaffungskosten um ...%

4. Anforderungen an die Software

4.1 Quantitative Anforderungen

4.2 Qualitative Anforderungen

5. Funktionsweise der Beschaffungssoftware

6. Auswahlprozess

6.1 Einholen von Angeboten

6.2 Vergleich der unterschiedlichen Angebote

6.3 Entscheidung für drei Anbieter

7. Betriebswirtschaftliche Analyse

7.1 Kostenvergleichsrechnung der Angebote

7.2 Entscheidung für einen Anbieter

Einführung eines Warenwirtschaftsprogramms zur Optimierung der Lagerprozesse in der ...GmbH

1. **Vorstellung des Unternehmens**

2. **Ist-Situation**

    2.1 Fehlende Struktur bei der Warenannahme

    2.2 Fehlartikel werden kaum bemerkt

    2.3 Sortimentslücken werden nicht geschlossen

    2.4 Unzufriedenheit der Mitarbeiter steigt

3. **Zielformulierung des Soll-Zustandes/Projektauftrag**

    3.1 Einführung des Warenwirtschaftsprogramms bis Ende 20...

    3.2 Personalkostenoptimierung um ...%

    3.3 Lagerkostenoptimierung um ...%

4. **Implementierung des Warenwirtschaftsprogramms**

    4.1 Planung des Umsetzungsprozesses

    4.2 Schulung der Mitarbeiter

    4.3 Anpassung an die Besonderheiten in der Logistik

    4.4 Anbindung des Programms an bestehende Programme

    4.5 Testeinführung

5. **Monitoring der Einführung**

    5.1 Festlegen von KPIs

    5.2 Regelmäßiges Feedback der Mitarbeiter

6. **Betriebswirtschaftliche Analyse**

    6.1 Ermittlung der direkten Einführungskosten

    6.2 Ermittlung der Schulungskosten

Entscheidungsvorschlag zum Erwerb einer Erweiterungsinvestition bei der ...AG

1. Vorstellung des Unternehmens

2. Ist-Situation

    2.1 Eingehende Kundenanfragen können nicht bearbeitet werden

    2.2 Verzicht auf mögliche Umsätze

    2.3 Anpassung an den Wettbewerb fehlt

3. Zielformulierung des Soll-Zustandes/Projektauftrag

    3.1 Kauf der Maschine bis Ende des Jahres 20...

    3.2 Umsatzsteigerung durch den Erwerb der Maschine um...%

4. Anforderungen an die Maschine

    4.1 Technische Anforderungen

    4.2 Bedienerfreundlichkeit

    4.3 Nachhaltigkeit

5. Organisatorische Voraussetzungen im Betrieb

6. Technische Analyse

7. Betriebswirtschaftliche Analyse

    7.1 Kostenvergleichsrechnung

    7.2 Gewinnvergleichsrechnung

    7.3 Amortisationsvergleichsrechnung

    7.4 Break-even-Analyse

    7.5 Ermittlung des Maschinenstundensatzes

    7.6 Erfolgsmessung und Wirksamkeit

8. Nutzwertanalyse

Thema: Entscheidungsvorschlag zum Kauf einer neuen Fräsmaschine bei der ... GmbH

1. **Vorstellung des Unternehmens**

2. **Istzustand**

   2.1 Vorhandene Maschine ist veraltet

   2.2 Mitarbeiterunzufriedenheit steigt durch doppelte Arbeitsschritte bei Funktionsstörungen der alten Maschine

   2.3 Kunden sind mit der Qualität der Produkte nicht zufrieden

   2.4 Wettbewerber liefert bessere Qualität

3. **Sollzustand / Projektauftrag:**

   Kauf einer neuen Fräsmaschine, um die Bestandskunden zu halten, Neukunden zu akquirieren und den Umsatz im nächsten Geschäftsjahr um ...% zu steigern

4. **Technische Analyse**

   4.1 Funktionsweise der Maschine

   4.2 Anforderungen an die Maschine

       4.2.1 Technische Anforderungen

       4.2.2 Qualitative Anforderungen (Bedienerfreundlichkeit...)

       4.2.3 Nachhaltigkeit

5. **Betriebswirtschaftliche Analyse**

   5.1 Kostenvergleichsrechnung

   5.2 Gewinnvergleichsrechnung

   5.3 Entscheidungsfindung

   5.4 Rentabilitätsvergleichsrechnung der ausgewählten Maschine

   5.5 Amortisationsvergleichsrechnung der ausgewählten Maschine

   5.6 Erfolgsmessung und Wirksamkeit

6. **Nutzwertanalyse**

   6.1 Erklärung der Nutzwertanalyse

Entscheidungsvorschlag zum Erwerb einer Erweiterungsinvestition bei der ...AG, um das Produktportfolio auszubauen, Neukunden zu gewinnen und bisherige Kunden an das Unternehmen zu binden, mit Hilfe der Amortisationsrechnung, der Break-even-Analyse und des Maschinenstundensatzes

1. Vorstellung des Unternehmens

2. Ist-Situation

2.1 Eingehende Kundenanfragen können nicht bearbeitet werden

2.2 Verzicht auf mögliche Umsätze

2.3 Anpassung an den Wettbewerb fehlt

3. Zielformulierung des Soll-Zustandes/Projektauftrag

3.1 Kauf der Maschine bis Ende des Jahres 20...

3.2 Umsatzsteigerung durch den Erwerb der Maschine um...%

4. Technische Analyse

4.1 Funktionsweise der Maschine

4.2 Anforderungen an die Maschine

4.3 Technischer Vergleich der Angebote

4.4 Nachhaltigkeit

5. Organisatorische Voraussetzungen im Betrieb

6. Betriebswirtschaftliche Analyse

6.1 Kostenvergleichsrechnung der Angebote

6.2 Gewinnvergleichsrechnung

6.3 Entscheidungsfindung

Entscheidungsvorschlag zur Investition in ein automatisiertes Warenausgabesystem bei der ... GmbH

1. **Einleitung**

2. **Vorstellung des Unternehmens**

3. **Ist-Zustand**

   3.1 Problemdarstellung über Ishikawa

   3.2 Auswirkungen der aktuellen Probleme auf die Mitarbeiter

   3.3 Auswirkungen der aktuellen Probleme auf die Kunden

4. **Definition des Soll-Zustandes / Projektauftrag**

   4.1 Anschaffung des Warenausgabesystems bis Ende 20...

   4.2 Optimierung der Prozesse in der Warenausgabe

5. **Technische Analyse**

   5.1 Ablauf eines Warenausgabesystems

   5.2 Technischer Vergleich dreier Warenausgabesysteme

       5.2.1 Grundfunktionen der Systeme

       5.2.2 Bedienung der Software

       5.2.3 Pro und Kontra-Liste

6. **Vor- und Nachteile eines Warenausgabesystems**

   6.1.   Vorteile und Nutzen

   6.2.   Mögliche Nachteile

7. **Betriebswirtschaftliche Analyse**

   7.1.   Kostenvergleichsrechnung verschiedener Anbieter

       7.1.1.   Berechnung der Anschaffungskosten

Entscheidungsvorschlag zur Investition in eine ...Maschine bei der ... GmbH

Entscheidungsvorschlag zum Kauf einer Wärmepumpe für die ABC-KG

1. **Einleitung**

2. **Vorstellung des Unternehmens**

3. **Ist-Zustand**

   3.1 Beschreibung der bisherigen Heizungsanlage

   3.2 Aktuelle Heiz- und Betriebskosten der Anlage

   3.3 Erläuterung der momentanen Probleme

4. **Definition des Soll-Zustandes / Projektauftrag**

   4.1 Anschaffung der ...Wärmepumpe bis Ende 20...

   4.2 Einsparung der Heiz- und Betriebskosten um ...%

   4.3 Optimierung der Nachhaltigkeit im Unternehmen

5. **Technische Analyse**

   5.1 Vor- und Nachteile einer Wärmepumpe

   5.2 Beschreibung der Funktionsweise einer Wärmepumpe

6. **Betriebswirtschaftliche Analyse**

   6.1.   Kostenvergleichsrechnung dreier Angebote

      6.1.1.   Berechnung der Anschaffungskosten

      6.1.2.   Berechnung der sonstigen Kosten beim Kauf einer Wärmepumpe

      6.1.3.   Ermittlung der Gesamtkosten

      6.1.4.   Entscheidung für ein Modell

   6.2   Ermittlung der Einsparungen

   6.3   Amortisationsvergleichsrechnung der ausgewählten Wärmepumpe

Entscheidungsvorschlag zum Kauf einer Solaranlage für die XY-GmbH, um die Energiekosten zu senken und die Nachhaltigkeit zu fördern

1. **Einleitung**

2. **Vorstellung des Unternehmens**

3. **Ist-Zustand**

    3.1 Beschreibung über das bisherige Beziehen von Energie

    3.2 Aktuelle Energiekosten

    3.3 Erläuterung der momentanen Probleme

4. **Definition des Soll-Zustandes / Projektauftrag**

    4.1 Anschaffung der ...Solaranlage bis Ende 20...

    4.2 Einsparung der Energiekosten um ...%

    4.3 Abhängigkeit von den bisherigen Energielieferanten reduzieren

    4.4 Verbesserung der Nachhaltigkeit im Unternehmen

5. **Technische Analyse**

    5.1 Vor- und Nachteile einer Solaranlage

    5.2 Beschreibung der Funktionsweise einer Solaranlage

    5.3 Anforderungen an die neue Solaranlage

6. **Betriebswirtschaftliche Analyse**

    6.1.   Kostenvergleichsrechnung dreier Angebote

        6.1.1.   Berechnung der Anschaffungskosten

        6.1.2.   Berechnung der sonstigen Kosten beim Kauf einer Solaranlage

        6.1.3.   Ermittlung der Gesamtkosten

        6.1.4.   Entscheidung für ein Modell

Entscheidungsvorschlag anhand einer technischen und betriebswirtschaftlichen Betrachtung hinsichtlich einer Investition in eine ... bei der ...

Entscheidungsvorschlag zum Erwerb einer Photovoltaikanlage mit Energiespeicher für die XY-GmbH, um die Energiekosten zu senken und die Nachhaltigkeit zu fördern

1. **Einleitung**

2. **Vorstellung des Unternehmens**

3. **Ist-Zustand**

   3.1 Aktueller Strombedarf

   3.2 Aktuelle Energiekosten

   3.3 Risikoanalyse

4. **Definition des Soll-Zustandes / Projektauftrag**

   4.1 Anschaffung der Photovoltaikanlage mit Energiespeicher bis...

   4.2 Einsparung der Energiekosten um ...%

   4.3 Abhängigkeit von den bisherigen Energielieferanten reduzieren

   4.4 Verbesserung der Nachhaltigkeit im Unternehmen

5. **Technische Analyse**

   5.1 Vor- und Nachteile einer Photovoltaikanlage

   5.2 Beschreibung der Funktionsweise einer Photovoltaikanlage

   5.3 Anforderungen an die Photovoltaikanlage

   5.3.1 Systemleistung

   5.3.2 Wechselrichter

   5.3.3 Energiespeicher

6. **Betriebswirtschaftliche Analyse**

   6.1. Kostenvergleichsrechnung dreier Angebote

   6.1.1.   Berechnung der Anschaffungskosten

XIV. Schlusswort!

Das Verfassen einer Projektarbeit und die Verteidigung (Fachgespräch) bilden den Abschluss der Weiterbildung zum Geprüften Technischen Betriebswirt IHK, bzw. zum Master Professional in Business Management.

Unterschätzen Sie nicht den Aufwand, der dahintersteckt und beschäftigen Sie sich frühzeitig mit der Themenauswahl sowie der dazugehörigen Gliederung.

Nutzen Sie die Ideen und Anregungen dieses Buches bei der Erstellung ihrer Projektarbeit in ihrem Sinne. Die Inhalte dieses Buches sind keine verpflichtenden „Muss-Bausteine", da die verschiedenen IHKs unterschiedliche Anforderungen an eine Projektarbeit stellen.

Als langjähriger Korrektor von Projektarbeiten habe ich versucht meine Erfahrungen in diesem Buch zusammenzufassen und mit zahlreichen Tipps und Empfehlungen zum erfolgreichen Verfassen einer Projektarbeit beizutragen.
Alle möglichen Fragen und Stolperfallen aufzulisten sowie alle erdenklichen Themenbereiche in Gliederungsvorschläge zu packen, war nicht meine Intension.

Ich hoffe, dass ich Ihnen manche offenen Fragen im Hinblick auf ihre Projektarbeit beantworten und einige Unklarheiten beseitigen konnte – das war mein Ziel.

In diesem Sinne viel Erfolg!

ANHANG

LITERATURVERZEICHNIS

https://www.ihk.de/...betriebswirt/hinweise-zur-projektarbeit...

DISCLAIMER

Die Inhalte dieses Buches wurden mit größtmöglicher Sorgfalt erstellt. Der Autor übernimmt jedoch keinerlei Gewähr für die Vollständigkeit der bereitgestellten Informationen. Haftungsansprüche gegen den Autor, welche sich auf Schäden materieller oder ideeller Art beziehen, die durch die Nutzung oder Nichtnutzung der dargebotenen Informationen bzw. durch die Nutzung fehlerhafter und unvollständiger Informationen verursacht wurden, sind grundsätzlich ausgeschlossen, sofern nicht durch den Leser ein grob fahrlässiges Verschulden des Autors nachgewiesen werden kann.

Alle hier aufgeführten Namen, Warenzeichen sind Eigentum des jeweiligen Herstellers, des jeweiligen Unternehmens und dienen lediglich dem Inhalt des Textes als Beispiel. Sofern Teile oder einzelne Formulierungen dieses Textes der geltenden Rechtslage nicht, nicht mehr oder nicht vollständig entsprechen sollten, bleiben die übrigen Teile des Dokumentes in ihrem Inhalt und ihrer Gültigkeit davon unberührt.

9 783759 777126